W0272159

Über dieses Buch *Der Tag/ist mein Buch//Hier trage ich/Leben ein//an dem ich/mich erfreue/das/ich erleide.* Rose Ausländer hat ein Leben lang für die Schublade geschrieben. Ausreichende Publikationsmöglichkeiten fand sie erst ab 1976 im Alter von schon 75 Jahren. Sie hat sich dadurch aber nie entmutigen lassen. Als Helmut Braun sich in den Jahren 1980 bis 1983 daranmachte, das umfangreiche Material zu sichten, fand er Tausende von Gedichten in unterschiedlichen Entstehungsstadien, unzählige Manuskripte, Entwürfe, Skizzen. Da eine genaue Datierung in den meisten Fällen unmöglich war, wurden in die siebenbändige Ausgabe Gesammelter Werke bei S. Fischer nur die bereits veröffentlichten Textc und Sammlungen in chronologischer Ordnung aufgenommen. Die ab 1979 entstandenen Gedichte sind in einer Reihe von Einzelausgaben erschienen. Darüber hinaus gab es noch rund 300 unveröffentlichte Gedichte, die zwischen 1965 und 1978 entstanden waren. Aus diesen Texten wählte Rose Ausländer für den vorliegenden Band 120 Gedichte aus, die sie alle noch einmal überarbeitete.
Vordergründig mögen die Gedichte einfach erscheinen, mit kurzen Versen, die manchmal nur aus einem Wort bestehen, und doch haben sie einen in der modernen Lyrik einzigartigen Klang. Vertraute poetische Chiffren gewinnen ihr altes Geheimnis wieder: *Manche Worte / strahlen // Andere schauen mich an / mit schwarzer Magie // Ich hole / ihr verborgenes Licht / und lege es / in mein / umdunkeltes Herz // So / lebt es sich/leichter.* Diese Gedichte faszinieren »nicht nur durch formale Qualitäten, etwa durch Alliterationen oder melodiösen Wechsel von hellen und dunklen Vokalen, sondern es ist, als streuten sie uralte Weisheiten aus« (Renate Wiggershaus).

Die Autorin Rose Ausländer wurde am 11.5.1901 in Czernowitz/ Bukowina geboren, überlebte die Jahre 1941-1944 im Ghetto von Czernowitz, wanderte 1946 in die USA aus und übersiedelte 1965 nach Düsseldorf. Seit 1970 lebt Rose Ausländer im Elternhaus der Jüdischen Gemeinde in Düsseldorf. Sie veröffentlichte mehr als dreißig Gedichtbände und erhielt zahlreiche literarische Auszeichnungen, u.a. 1977 den Ida Dehmel-Preis und den Andreas Gryphius-Preis, 1980 die Roswitha-Gedenkmedaille der Stadt Bad Gandersheim und 1984 den Literaturpreis der Bayerischen Akademie der Schönen Künste.
Im Fischer Taschenbuch Verlag erschienen außerdem: ›Blinder Sommer‹ (Bd. 5199), ›Ich zähl die Sterne meiner Worte‹ (Bd. 5906), ›Im Atemhaus wohnen‹ (Bd. 2189), ›Mutterland/Einverständnis‹ (Bd. 5775).

Rose Ausländer

Der Traum hat offene Augen

Unveröffentlichte Gedichte
1965-1978

Mit einem Nachwort
von Helmut Braun

Fischer
Taschenbuch
Verlag

Originalausgabe
Veröffentlicht im Fischer Taschenbuch Verlag GmbH,
Frankfurt am Main, Dezember 1987
© Fischer Taschenbuch Verlag GmbH, Frankfurt am Main 1987
Umschlaggestaltung: Jan Buchholz/Reni Hinsch
unter Verwendung eines Fotos von Harro Wolter
Gesamtherstellung: Clausen & Bosse, Leck
Printed in Germany
ISBN-3-596-29172-0

Inhalt

Wann III

Noch ein Tag und
noch ein Jahr

Deine Frage
bleibt wach

Wann
kommt der Anfang

Wann kommst du
zu mir
und nimmst mich mit

Vom Leben gefressen

Schnell
wird dein Leben
vom Leben gefressen

Traum an Traum

Liebe
des Lichts

Stürzende Sterne

Unendlichkeit
der Sekunde

Vielleicht III

Wenn die Zeit sich versteckt
hinter dem Himmel
die Sterne
verraten sie nicht

Es ist still
erstarrte Menschen
erwarten ein Zeichen

Vielleicht steht es
im Orion geschrieben
und keiner kann lesen

Verweile nicht

Daß
jeden Augenblick
Gott stirbt und lebt
weiß
der ihn einatmet

Überall
wächst ein Baum
um den
die schöne Schlange
sich windet

Du kennst
das Apfelwort

Laß uns tödlich sein
Verbotenes tun

Verweile
nicht

Wundgeschlagen

Ausgewandert
aus dem Kinderlied

In welches
flüchtige Land
verschlagen

Räderchöre
elektrische Stimmen

Unsere Ohren
wundgeschlagen
von kalten
Geräuschen

Was ist es

Dieser Straßenlärm
oder ist es Musik

Vereiste Äste klirren
oder
ist es das Winterherz
das so pocht

Ich nehme euch alle
zu Zeugen
daß der Schnee so weiß ist
wie
Schneewittchens Wange

Verschüttet

Vögel möchte ich
auffliegen lassen

Verschüttet
liegen sie
im Garten
der Habsburgshöhe
und singen
Gebeinen
ein Wiegenlied

Wandelbar

Orte wandelbar
in der Zeit

die alles namhaft macht

unbehauste Worte
vergessene
ungedachte

Vergessen II

Ich hab
mich vergessen
irgendwo
ist mein Name
liegengeblieben

Im Fluß
das Zerrbild
kann ich
nicht schöpfen

Ich stelle einen
Krug Wasser
vor deine Tür

trink
meine Liebe
die im Sandmeer
ertrunken

Urteil

Ich klage
zieh meine Klage zurück
klage mich selber an

Ich gehe mit mir
hart ins Gericht
verurteile mich
zu lebenslangem Kerker

Am Fenster
folge ich dem Flug
südlicher Vögel

Unverrückbar

Die Sterne der Blinden
halten
Tag und Nacht
ihre gefangenen Farben
im Gleichgewicht

Unter einer Decke

Nachts
wenn die Gedanken
einschlagen
treten die Toten
aus ihren Verstecken

Ihre Augen
bezwingen mich
ihre bemoosten Stimmen
überzeugen mich

Wir unterhalten uns
über irdische Dinge
alles interessiert sie
ich kann ihre Fragen
nicht beantworten
sie sind besser unterrichtet
Manchmal ergibt sich
ein Gespräch
über Hölderlin oder Spinoza

Nie ist die Rede davon
daß sie tot sind.
Ihre Rede ist klar
Licht und Schatten
verteilt

Wir vergessen den Zwischenfall
Tod
wir sind ja hier
unter einer Decke beisammen
nichts hindert mich anzunehmen
daß ich noch lebe

Traumsicher

An der Regengrenze
Augenblicksworte

Stolpernd
über den Schatten
Über die flüchtige Brücke
gehen wir
traumsicher
Mensch an Mensch an Mensch

Lichtstrategie

Urwort

Laß mich finden
das Urwort
damit ich teilhabe
an mir
wo du mich aufspürst
Dämon
zwischen Stern und Straße
im guten Omen
Freude

Tagebuch

Der Tag
ist mein Buch

Hier trage ich
Leben ein

an dem ich
mich erfreue
das
ich erleide

So

So
soll es sein

wie es nie
war

wie es
nie
werden wird

Sicht

Gekommen zu sehen
die Welt die wohnt
in Zimmern
Zimmer in Häusern
in Städten
in Kontinenten
in mir

Pflanzen
Tiere
Menschen

Ich seh ihren Atem
in einem Spiegel
in mir

seh alle
nur mich
wo seh
ich mich

Seinen Ort finden

In den Tag gehn
den Dingen
nicht ausweichen

Jedes
an seinem Ort

Zahlreich die Orte

Es heißt
seinen Ort finden
im Tag

Der Weg

Schwerer
der Weg zum Ziel
das unerreichte

Schwerer
der Rückweg
ins ziellose
Hier

Perlen

Perlen schenken
sie verwandeln
sich in Worte

unechte
echte

Nur
der Märchenmann
kann sie
erkennen

Verbrannt

Im vergänglichen Trug
der tägliche
Tod

Gefräßig
das Flämmchen

Verbrannt
alle Farben

Ich fege
die Asche
von Wange und Mund

Melancholie

Melancholie
dein Suchen nach Menschen
die du erfindest in deine
Wirklichkeit

Melancholie
sie wirbt um dich
hinter geschlossenen Lidern
so hell als gäbe es nichts
außer diesem mächtigen
finsteren Licht

Ja und Nein

Ich behaupte alles
und leugne alles

denn JA und NEIN
sind wahr

und ich liebe
die Wahrheit

Im Spiegel

Im Spiegel verschoben
mein Gesicht
unwegsame Wege
in die Stirn
tätowiert

Vom linken zum rechten Aug
wächst die Distanz
ich schiele
seh alles doppelt
aus dem Gleichgewicht geraten

Löwenmähnig das Haupt
in meinen Pupillen
droht Nacht

Meine Mundwinkel
fallen ins Quecksilbereis
seines Gelächters

Im Regenrock

Im Regenrock
Blick betränt
naß der Gedanke

Fragt man
wohin führt dieser Weg
jener Weg

Fragt man
wo wohnt dieser Nachbar
jener Nachbar

Wo wohne ich
fragt man

Der Sonnenkompass
zerbrochen

Wolken
wissen nur Wasser

Im All

Ich verliere mich
im Nichts

finde mich wieder
im All

Das Nichts
vernichtet mich

Auferstanden
im All
bin ich
ein Geschöpf
aus Worten

Hoffnung VI

Das erinnerte Heim
im Vergangenen

Dein gebrochenes Jetzt
hinkt
in die Hoffnung

vielleicht wieder
ein menschlicher bewohnbarer
Raum

Herbstlich II

Am Morgen
öffnen Fenster
graue Augen

öffne
ich mein Schweigen
leg es auf die Schwelle
einer fremden Tür

Ängstlich
beobachte ich die Straße
Räder rollen
über alles
was wachsen will

Ich nehme dem schüttern Laub
die Last ab
Klagelieder
die pflanz ich
auf Gräber
der Freunde

Grüne Kräfte

Im Spiel der grünen Kräfte
Mensch und Pflanze
Die Stadt
wächst im Moos des Winds

Geheime Zeichen
Wer deutet Adersprache
Laub und Inschrift

Die Zeichen wandern
von Stirn zu Stirn

Mit Inbrunst
blau und schwarz
der Himmel hält den Hauch
im Wanderatem

Grüne Kräfte
im Zeichenspiel
wird Lieben leicht
dem Menschen
da und dort

Glasscherben

Was der Wind verwirft
Glasscherben
sammle ich
setz sie zusammen

zu vielfachem Spiegel
der Sonne
dem Regenbogen
zum Ruhm

Geburtstag II

Elf Maikäfer
haben mich geboren
im Maikäfermonat

Die Flügelgemeinde
weihte mich ein
ins Abendgeheimnis
Laterne und Mond

Ich fürchte
das tödliche Licht

tagsüber
Blindenschrift

Frost

Im Siebenmeilenschlitten
der weißen
Gefahr
voraus

Eis hat
tiefe Wurzeln

Im Frost
geht um
das Sonnengespenst
Tief
unter Null

Frage

Wind mischt Farben

Ich suche mein
Gesterngrün
im verwandelten Wald

Gestern war er mir gut

Hält er mich heute
mit windschiefen Gesten
gefärbten Wangen
zum besten

Einverleibt

Du einverleibt
dem Du
im Rosenschlaf
Gewittertief
nie aufhörender
Augenblick
aus dem Schatten geschält
dein Gesicht

Der Traum hat
offene Augen

Die Nacht beleben

Sonne auch sie
ein Rätsel
Klarheit
mit Schattenspielen
Verführung

Blind die Augen
der Sterne
mit Schneewittchen
die Nacht
beleben

Dennoch vereint

Einst waren wir
Eins

Heute sind wir
unendlich getrennt und
dennoch vereint

Das wissen sogar
die Rotkehlchen
und Bäume

Sie kennen
unsere Sternsprache
unser grünes Märchen

Dein Eigentum I

Atem holen
aus dir
Erde

Du zählst mir zu
die Atemzüge
forderst mich auf
dich zu berauben

Straf mich Lügen
straf mich

Was ich mir erobere
bleibt
dein Eigentum

Dein Eigentum II

Das fremde Leben
dein eigenes Reich

Es erreicht dich
im Wort und
hinter dem Wort

öffnet Türen
zu fremden Menschen
deinem Eigentum

Da wohne ich

Ich mache
einen eigenen Raum
aus Luft und Atem

Da wohne ich
in meinem Untergang
und unterhalte mich
mit Fischen

Bilanz

Wieviel Millionen Umsatz
die Bilanz stimmt nicht
ich rechne
schreibe Gedichte

Weiß nicht den Profit
Zahlen rollen mir aus der Hand
Worte holen mich ein
sieben mal sieben Stimmen

ich rechne Gedichte
sieben mal sieben
Null um Null
überflutet mich
zahllose
Stimmen
holen mich heim

Stilleben V

Zufällig
diese Anordnung
von Körpern
auf dem Tisch
von der Sonne besucht

Kornblumen
Orangen
die Schüssel
das Messer trägt
einen Regenbogen

Beginnt schon
das Welken im Glanz
Ein guter Vorsatz
bleicht die Leuchtkraft
Fällt anheim
dem Schatten
der schwarzen Schleppe
die Sonne
nach sich zieht

Auf der Flucht

Eine Mauer schiebt sich
vor die andere

Ich gehe durch das
verschobene Land
komme vom Hundertsten
ins Tausendste

Auf der flüchtenden
Landstraße
suche ich Kinder
auf der Flucht
vor der Flucht

Antrieb

Die Mänaden
haben uns nicht verlassen

Mensch geworden
heimisch in unserem
Hirn

sie treiben uns an
keiner
kann sie vertreiben

Alles war schon

Alles war schon
Die Wunder sind verebbt

Neue Fragen
von harten Lippen
wo sich
vor der Antwort
verbergen

Ihr Riesenzwerge
im Riesengebirge
aus Pappe

Ein Abschnitt Langeweile

Im flüchtigen Rausch
aufschrein
und Asche sein

Nimm ein Licht

Nimm ein Licht
in deinen Traum
denn der Mond ist
ein Gaukler
unverlässliche
Leuchtkraft

Sterne
verkapselte Strahlen
auf
die schwarze Fläche
gespannt

Wie willst du
den Mitternachtsberg
besteigen
auf
der Leiter aus Luft

Gewiss
es führen
viele Wege
zur Spitze
der sie kennt
nahm ein Licht
in seinen Traum

Moirisch

Nimm die Sprache
zum Zeugen

Mit den Sternen
im Bund
dein Wille
bereit
zur
Verwandlung

Moirisch vorhanden
auch
dein
Sirenenwort

Wehrlos

Ich sage allen
bleibt mir vom Leibe
aber seid da
ohne euch
kann ich nicht leben

Kommt
und vergeßt mich

Ich bin wehrlos
wie meine Heimat

ausgesetzt
den verschwiegenen Worten
der Welterschaffung

Gleichgewicht

Wie viele
unheilkündende Meteore
abgestürzt
im Sekundenruhm

ihre flammende Unterschrift
auf der schwarzen Tafel
verflüchtigt

Aber andre Sterne
Kornblumen mit Zukunftsduft
im Luftfeld erblüht
nehmen ein den
leergewordnen Platz

damit erhalten bleibe
das Gleichgewicht

im Kosmos
und
in dir

Tag Nacht

Der Tag
sagt Brot
Die Nacht
fliegt Traum

Der Tag sagt
Sonne tüncht gleich

dienend

schweigen die Sterne

Verborgenes Licht

Manche Worte
strahlen

Andere schauen mich an
mit schwarzer Magie

Ich hole
ihr verborgenes Licht
und lege es
in mein
umdunkeltes Herz

So
lebt es sich
leichter

Gedächtnis II

Steine
zählen deine Schritte
ihr Gedächtnis
ist dein Weg

Er geht dich
vom Quell
bis zum Gipfel

Marienkäfer

Ich schließe
den Himmel
vor meiner Tür

Verirrter Marienkäfer
sieben Schwarzpunkte
auf rotem Rücken

Das Siebengestirn
schwankt
auf meiner Fingerspitze

Plötzliche Flügel
Luftfinger öffnen
den Himmel vor meiner Tür

Wege

wollen gegangen werden
geh »ein Wort weiter«

gradaus schräg
hinauf hinab

finde deinen Schritt
im Sternenwald

Licht kleidet dich
in Schatten

Geh
in den Steinbruch
der Wörter

Wellen

Wer weiß
wo ein Glück beginnt
wann es ins Wasser fällt
welche Wellen es
wegtragen
wie das Haar
bleich wird
und starr

löse
das Rätsel

Wenn du liebst

Reise
zu den Zwergen

Heinzelmännchen schaffen
dein Werk

Sie leben in dir und
hinter den Bergen

marschieren mit dir
zu den Riesen
die heute dich foltern
morgen dir Sterne schenken
den Mond dir vermachen
wenn du liebst

Du liebst
Menschen Worte
das unfaßbare Leben

Wie viele

Wie viele Gedanken
Worte Bewegungen
im Tag

Wie viele Augenblicke
im Tag
in denen du
dich
nicht verschweigst

Wo du uns findest

Auf der Suche
nicht
nach der blauen Blume
nicht
nach den unvergänglichen Namen

Zusammenhang üben
gegen unsern Willen

Dein Wille geschieht
wo du uns findest
in der Zerstreuung
der Dinge
in der
vollkommenen Null
die vermehrt
was du uns zuzählst

Zeremoniell

Frühling augenerfüllt

Licht verführt uns
heute
Farben für Blumen
heute zaubert
das Wasserkristall

wir
glauben den ersten Bienen
rot sei rot

hier und dort wo
der Lichtmeister sein
allfarbnes Zeremoniell
abhält

Wo

Wo ist mein
Paradies

In der Nacht
war es
mein Heim

oder
hab ich
geträumt

Wache ich jetzt
in der Wüste

wo
die Augen
sich schließen
mein Lager
aus Sand

Wolken

Wolken
die einander jagen
die der Wind liebt

Sie stürzen
kopfüber kopfunter
halten den Himmel
Küssen die Erde
von Sturm und Salz

Im Bild

Ich bleibe im Bild
aber bleibt es
bei mir

Wolken sehen Regen
der Fluß schreibt
seine Zeile
auf zuckendes Treibholz

Fische tanzen
im
Kristall

Namenlos

Was einen Namen hat
ist schon verloren

Wir nehmen
namenlose Wörter
in den Mund

hauchen
sie aus
sie werden
sich finden

Paul Klee II

Das Liniennetz
magnetisch
fängt alles ein

Zwischen zwei Strichen
Farbe bekennen

Mit Katzenblick
gesichtet
zahllose Welten

Die gefangene Blume
wächst und flieht

Singen

Singen
den Freudensang
eines Traumes
den Trauersang
unserer Zeit

Das Helle
du bist
ein Fünkchen Licht
das Finstre
Gedröhn und Gerassel
der Maschinen

Wir
müssen wach sein
unsre Stimme
wach halten
um
singen zu können
ein
ruhiger
atmender Morgen

Zahllose Augen

Du hast
zahllose Augen
jede Pore
sieht
das Verhängnis
und
die goldumhangene
Liebe

Vertrauen

Vertrau dem Abend
dein Licht an

Er
verschweigt es
allen
die es nicht
sehen sollen
nur der Abendstern
weiß es

der besteigt
den silbernen Wagen
und nimmt
es mit
auf seinen Zauberweg

Im Dialog

Ich sage ich
und weiß nicht
wen ich meine

weiß nicht
wer mich meint

im Dialog
mit meinem Stichwort

Nicht immer

Schön
auch nackte Nächte

nicht immer
wollen Sterne
Menschen sehn

Sünder

Noch nicht ganz
vergessen
das Paradies
wo wir sündlos waren

Schön und süß
der Apfel
sein Saft hat uns
sehend gemacht

Laßt uns Sünder sein
verbotene Worte lieben
und Menschen
unter drohendem Himmel

Recht

Goldne Gespenster
Volle Kelche
wir trinken auf euer Wohl

Es ist unser Recht
von der Furcht
Abschied zu nehmen
die Schwerkraft der Sterne
zu prüfen
ihre Schritte zu zählen

In grünen Tagen
war die Liebe rund
Hilflos gegen
die Weltverwalter
im nichtgewebten Wams
wir Vögel
mit gebrochenen Flügeln

Es ist unser Recht
zu schweigen
wenn sie
die Glocken versenken

Goldne Gespenster
eingesponnen ins
Netz unserer Nacht
wir trinken auf euer Wohl

Wer zählt
unsere Atemzüge

Wer unterscheidet

Schatten oder Gespenster
wer unterscheidet
die gespaltene Wahrheit

Deine geblendeten Augen
sehn doppelt
im Wind deiner
Gedanken

Wohin II

Ich haltloser
Elektronenkörper

Wohin
fliegt meine Angst
meine Liebe

im rotierenden
Raum

Wunderwelt

Diese Wunderwelt
Luft Licht
läutendes Meer

und
Worte
zwischen Mensch
und Mensch

Zerbrochen

Gedanken aus Glas
in der
Hagelschlacht

zerbrochen

liegen wir
unter
Asche und Stein

Arglos

Nachts bin ich
ein anderer
meinen Namen vergessen

heilig gesprochen

kalt
ledern die Sterne
im Schwarz
über
der verkrusteten Erde
an der ich schuldig bin
ich argloser
Träumer
untergegangen
im Wortstrom

Ausgangspunkt

Die Wendeltreppe
dreht sich
bis sie die Spitze
im Licht
erreicht

Hier stand die Leiter
wo Jakob
die Engel besiegte

Damals
aber jetzt
dreht die Erde sich
um sich
und die Sonne
bis sie
zurückkommt
zum
Ausgangspunkt
Aufgangspunkt

Immer neu

Immer neu
Blüte
Gras
Gedankenflucht
das bewältigte Wort

Fremder

Fremder verlasse
den verlorenen Ort

Neue Fremde

Die Gegenstände
schweigen

Im Kissen
schläft der Traum

Auf der Bettdecke
wachsen Gras
und
leuchtende Blumen

Regen
klopft ans Fenster
zu löschen
das Licht

Der Mond II

Ehernes Gesetz
abgeblättert
der Mond
für eine Weile
ins
Jenseits gerollt
bis er
als blonder Halbkreis
wieder erscheint

Bruder der Erde
einst auch
Bruder der Dichter

Heute
ein banales Gestirn
aus toten Trümmern

Dornen

Wir haben Rosen
gepflanzt
es wurden Dornen

Der Gärtner
tröstet uns
die Rosen schlafen
man muß auch
seine
Dornenzeit lieben

Es war einmal IV

Es war einmal
ein Ganzes
nicht
vier Viertel
oder
sechzehn Sechzehntel
Teile

es war einmal
ein ganzes Gesicht
eine ganze Freude
im Gesicht
um keinen Schatten
verkürzt

wie jetzt
unsre
drei Viertel
oder
sechs Sechzehntel
Freude
im schattenzerschnittenen
Gesicht

Falle

Diese Stunde kneten

Glieder
Gesicht
der Rumpf
fertig

Die Stunde fällt
in die Falle
der sechzig Minuten

Finden IV

Tiefe Trauer
helle Freude

Worte
suchen mich
ich finde sie

Verlieren

Wirf
eine Münze
auf den Boden

Du Kopf
Adler ich

Stolz
blickt
der Kopf
mich an

Ich verliere
meine Habe
Worte
Worte
Worte

Gib mir
dein Schweigen

Freude II

Gefieder
durchsichtig

Lerche
im Licht

strahlender
Sang

im Flug
das hohe Lied

eine Sonne
geht auf
in dir

Frisch färben

Laute Träume
weckten
die schlafende Zeit
wir standen auf
in der
Mondfinsternis
ein Kometschweif
zerschnitt
die Nacht

Es war
es war einmal
alles vorbei

Die Schiffswand
weiß
weiße Möwen
begleiten uns
das neue ABC
weißgekalkt

Wir müssen
jeden Buchstaben
frisch färben
mit unserm Blut

Halte sie fest

Sträubt sich
dein Wort
gegen den Wind
dieser Zeit

Hinter ihr
atmen noch
leise Minuten

Halte sie
Halte sie
fest

Harte Musik

Ich lehne
an einer Wand
aus Ohren

Im Herzhaus
singt die Uhr
den Sekundenreim
zum Atemtakt

Mit der Hand
hämmere ich
an die Wand
hämmere ich
meine
harte Musik

Hinauf

Aus der Traufe
kommend
in den
mit Sonne
bekleideten
Regen

Immer
ein Märchen
hinauf

Schattenspiel

Längst sind die Toten
auferstanden
die Lebenden tot
auf die Dauer nicht
unterscheidbar
Staub an Staub
die himmelhohe Mauer
bunte Schatten
treiben auf ihr
das zeitliche Spiel

Scheinrot

Ich öffne mein Zimmer
zur offenen Rose
wach im Wasser
ein paar Tage
Freude

Ich kenne die Blumensprache
im Dornengedicht
den entwurzelten Duft

Das Licht ist ein Lügner
scheinrot
die leblose Rose

Mein Zimmer
schläft ein

Siebzig

Für Marie Luise Kaschnitz

Wieviel mal siebzig
Lichtjahre
ihre Schatten
fallen
auf deine Stirn

Am Jahrmarkt der Masken
Wanderjahre im Wandel

Belauert
von wieviel Augen
das Wort geschieht
eindeutig weiß
wenn alle Farben
sich lieben

einen Augenblick
einmal immer aufs neue
mal siebzig
Lichtjahre
unendlich

Staunen

Bäume und Gras
grüne Augenweide

Tagsüber die Stimmen
von Laub und Fontäne
nachts Grillengesang

Machen wir uns
mit den Sternen
vertraut

Wir Stäubchen
staunen
Spiel oder Traum

So unfaßbar einfach
ist alles
so vielstimmig
spricht das
Märchen Leben
uns an

Tausendfüßler

Tausendfüßler
Traum

Er legt mir
viele Länder
zu Füßen

zuweilen
den Schein
einer schönen Erde

den Schein

Tonfall

Mit den Wänden
um die Wette
schweigen

bis aus dem Telefon
Besuch kommt
der Rosen bringt
oder Dornen

Es hängt
vom Tonfall ab

Über Bäume

Das Gespräch über Bäume
wird nie beendet
solange es Worte und
Bäume gibt

Wer mag leben
ohne den Trost der Bäume

Den Baum der Erkenntnis
hat keiner
erkannt

Verwandter Träumer

Abend
verwandter Träumer
mit Schweigen
begabt

Du zeigst
dem Menschen
das Ziel
das sanfte Hinüber
in eine
andere Welt

Wie schnell

Wie schnell
der Tag
sich verflüchtigt
ins Nichts
die Nacht
ins Nichts

Tag und Nacht
weiß man nicht
wohin mit dem Nichts

aus dem man
schaffen muß
Wohnung Weg
Bewegung und Ruh

Winter IV

Eisblumen Schnee
jene Schlittenpartie
Sterne sprühten
der Winter
hielt uns in Atem
weiß war die Welt
wir gaben uns hin

Hagelschlacht

Ich kehre zurück
zu meinem gefangenen Winter

ohne Eisblumen
ohne Schlittenpartie

Wintersonne

In der Wintersonne
erwärmt sich dein Traum
die Welt sei eine
helle Seele

Vergiß dein Bett
laß deine
Gedanken tanzen

Jeder Augenblick
schenkt dir
Ewigkeit

Du siehst die
Berge das
himmelfarbne Meer
Wälder reden zu dir

Alles dir anvertraut
von der
Wintersonne

Wohin III

Wohin
sind die
herrenlosen Vögel
gezogen

Glaube der
ersten Schwalbe
blau sei blau

Wünsche

Kein
Zeitstillstand

Wo der Gedanke

Ich suche
die Grenze
zwischen
dir und mir

Lichtnadeln
Haare
verschwommene Schatten

Wir durchdringen uns
wo der Gedanke abbricht
kein
Spiegel uns
reflektiert

Wortmehl

Hungerworte
verschlingen
was sie finden
glückliche Märchen
Frevel
Trockene Scheiben Tugend

Sie werden nicht satt

Der Frevel frißt die Tugend
das Märchenbrot mundet
dem Träumer

Sein Hunger verschlingt
was er findet
Wortmehl
Liebe und Trost

Willst du

Kugel grüne
noch einen Tag
noch eine Nacht
noch noch

Verberge uns
wie das Gras will
wie du willst

Wir
entzweit
mit dir
mit uns selber

Verbirg uns
im
Feentraum

ferner dem Himmel
näher
wie er will

Mittwärts
verbirg uns
willst du
Erde

noch eine Sternzeit
noch

sind die Fahnen
nicht weiß

Mir selber begegnen

Wenn ich
mir selber begegne
im Damals

als ich
auf einem Gebirgsweg
dem Lerchenlied lauschend
einen Salamander zertrat

die schönen Giftpilze
bewunderte

und stehen blieb
weil Hamlet
plötzlich da war

reiche ich mir selber
die Hand

Es ist anders geworden
und gleich geblieben

Nebel IV

Verschwommene Tage

Häuser
ducken sich

Gestalten
schleierumhüllt
bewegen sich
im Weißtraum
Akkord
aus
Muschel und Mensch

Nichts
behält seine Form
alles in Auflösung

Sagen und
Zauberlegenden
erzählt die Luft

Ich spüre
den Erdatem
weiß auf weiß

Nebel V

Aus weißer Wolle
die Stadt

Sirenen schneiden
die Luft in Streifen

Bewegungen
ändern den Kurs

Natur
dehnt sich
über aufgelöste
Dächer und Denkmäler

Auf Schritt und Tritt
stoße ich
auf Kulissen
wenn ich den Gedanken
folgen will

Nägel

In den Wind geschlagen
Tage aus Nägeln

Ufer mit Wassernägeln
befestigt

Eine Farbenbrücke
gehämmert an den Himmel
mit Luftnägeln

Mit ihren scharfen Nägeln
blüht die Rose
rot

Gedankenwald
ein Blitz
schlägt Wurzeln im
nagelneuen
Wort

Leuchten

Sterne
Glühwürmer
leuchten

Staunen
meine Heimat

auch im Dunkel
daheim
mit
verlornen Freunden

Bleibt
nur der
Trost der Träume

Körper II

Der Wind kennt
alle Richtungen
weht dir zu
aus
der einen der anderen

voller Masken

Fleisch geworden
du weißt
die festen
zerbröckelnden
Körper

Heimleuchten

Irre
angeln
den Mond

Lieg uns
zu Füßen
alter Gesell
leuchte uns heim

Gegen den Strom

Schwimm
gegen den Strom

Der Strom schwimmt
gegen den Himmel

Seine
verschlossenen Türen
sind offen

Die Spitze

Ich zog aus
das Leben lernen

Mein Haus ausgezogen
ich wohne im Wort

Bienenwiese
Maisfeld
verwitterter Herbstwald
Berg aus Schnee

Ich bin
ein Eiszapfen
eine Fichte

Der Tod
macht mich
unsterblich

Zuweilen

Traum der meinen
Schlaf umgeht

Tausendfüßler
er legt mir
flüchtende Länder
zu Füßen

zuweilen
den Schein einer
anderen Erde

das Bild
eines Himmels
und einer
besseren Hölle

Das Wort II

Es klopft nicht an die Tür
lautlos
tritt es ein
nimmt Platz im Armstuhl
bereitgestellt
für den Propheten

der nie kommt

Ich spüre eine Gegenwart
des Wortes Anwesenheit
spüre ich

seh es nicht
höre es nicht
kann es nicht betasten

aber ich weiß
es ist da
im Armstuhl
bereitgestellt
für den Propheten

Briefe III

Brief aus Rosen
ihr Duft
umarmt
meinen Atem

Brief aus Astern
herbstbuntes
Ade

Immerzeit

Nicht wissen
wie die Minuten
verrinnen
Tage
einander verfolgen

Häßliche
schöne
Immerzeit
distelumrankt

Baukasten

Dieses Auseinanderstürzen
in Würfel und Kugeln

Hinausrollen
zurückprallen

abgebaut
der Turmbau

Unter dem klaren Vorbild
der zerstörte Zusammenhang
des Musters

Im Kasten
deine Fäuste
gefesselt

dein Auge verfolgt
das bewegungslose
Spiel

Augen

Augen traf ich
von ungefähr
eine Lichtsubstanz

Mein Herz
im Punkt der Pupille
zieht sich
zusammen
weitet sich
im Spiegel
der siderischen Augen

Kein Märchen
die Augen im Märchengesicht
sind da
der Stern
der sie atmet
sichtbar am Himmel
Venus
erster Lichtimpuls
abends

Am Rand III

Wir blühen uns zu
am Rand
einer verworrenen
Legende

im Mittelpunkt
zwischen
Berg und Stern
Meer und Distel

Nachwort

Als im Jahre1980 zwischen Rose Ausländer und dem S. Fischer Verlag ein Vertrag über die Herausgabe ihres Gesamtwerkes geschlossen wurde, war nicht abzusehen, wieviel Material sich auffinden würde, wie umfangreich das Gesamtwerk überhaupt war.

In den Jahren 1980 bis 1983 konnte ich rund 2 300 Gedichte, 200 Kurzprosastücke, vier Erzählungen und einige essayistische Arbeiten zusammentragen. Unveröffentlichtes, verstreut Veröffentlichtes und der Band ›Der Regenbogen‹ aus der Zeit vor dem Zweiten Weltkrieg kamen aus Rumänien. Englischsprachige Gedichte und Übersetzungen ins Englische, zwischen 1949 und 1956 geschrieben, fanden sich in Koffern in New York, die Rose Ausländer dort eingelagert hatte. Der Bruder und Freunde stellten Gedichte zur Verfügung, in privaten und öffentlichen Archiven tauchten Texte auf, vor allem aber die Schränke im Zimmer der Autorin im Nelly-Sachs-Haus, dem Elternheim der Jüdischen Gemeinde in Düsseldorf, schienen unerschöpflich – Originalbände, Anthologien, Zeitschriften, Manuskripte, Entwürfe und Skizzen, Dokumente, Briefe an Rose Ausländer und Kopien ihrer Briefe, Fotos usw., fanden sich.

Deutlich war damit dokumentiert, daß Rose Ausländer ein Leben lang für die Schublade geschrieben hat. Ausreichende Publikationsmöglichkeiten fand sie erst ab 1976 im Alter von bereits 75 Jahren.

Sie hat sich aber nie entmutigen lassen; der Antrieb zu schreiben war in keiner Weise von der Möglichkeit zur Publikation abhängig. Allerdings berichtet sie selbst von »Schreibschüben«. In einer Rundfunksendung im Jahre 1973 führte sie aus: »Auf eine intensive Schreibphase folgt eine längere, manchmal jahrelange Pause, ein Nichtschreibenkönnen. Ich schreibe in Schüben.«

Äußerungen der Autorin, nicht sie schreibe ein Gedicht, sondern ein Gedicht schreibe sich durch sie, es komme zu ihr, in einem Schaffensprozeß, den sie nicht beeinflusse, sind gelegentlich mißverstanden worden. Sicher hat es den »großen Wurf« gegeben, das Gedicht, das, erstmalig notiert, fertig dastand und allen Prüfungen standhielt; der Regelfall war dies sicher nicht. In der bereits erwähnten Rundfunksendung sagte Rose Ausländer: »Mein Arbeitstempo ist sehr schnell und sehr langsam: Die erste Fassung eines Textes – Lyrik oder Kurzprosa – erfolgt meistens in wenigen Minuten. Dann beginnt die tagelange, wochen- und manchmal jahrelange Arbeit, das Be- und Umarbeiten. Von manchen Gedichten mache ich zwanzig Fassungen, bis eine mich befriedigt oder keine.«
Diesen Entstehungsprozeß will ich an einem Beispiel, dem in diesem Band abgedruckten Gedicht ›Wehrlos‹, zeigen. Fast immer ist die erste Fassung eines Gedichtes von Rose Ausländer eine Prosanotiz. Ich vermute, daß auch die veröffentlichte Kurzprosa eigentlich ursprünglich als Vorstadium zu Gedichten gedacht war.
Die erste Notiz zu ›Wehrlos‹ lautet:

HERZLICHE STIMMEN: Ich sage euch bleibt weg von mir. Seid aber da, denn ich kann ohne euch nicht leben. Kommt und geht. Meine Heimat und ich sind wehrlos. Dort wohnten zarte Stimmen, die noch immer duften. Mutterstimmen mütterlich.

Diese Prosanotiz wurde in der Folgezeit verändert, Gedichtzeilen wurden durch Querstriche kenntlich gemacht:

HERZLICHE STIMMEN: Ich sage euch / bleibt von mir. /
Seid aber da, / denn ich kann ohne euch nicht leben. / /
Kommt und geht. / Meine Heimat und ich sind wehrlos. / /
Dort wohnten herzliche Stimmen, / die noch immer duften /
Mutterstimmen mütterlich.

Jahre später folgte dann die Niederschrift als Gedicht, dabei wurde der Text stark verändert, die Interpunktion entfiel:

HEIMAT
(HERZLICHE STIMMEN)

Ich sage allen
bleibt mir vom Leibe
aber seid da
ohne euch kann ich nicht leben

kommt
und vergesset mich

Ich bin wehrlos
wie meine Heimat
dort wohnten herzliche Stimmen
die noch immer duften

Mutterstimmen mütterlich

Zu einem späteren Zeitpunkt änderte Rose Ausländer die vorletzte Zeile in: »sie duften noch immer« und strich die letzte Zeile des Gedichtes ganz.

Im Juni 1986 schuf Rose Ausländer die Fassung, die sie für diesen Band zur Veröffentlichung bestimmte:

WEHRLOS

Ich sage allen
bleibt mir vom Leibe
aber seid da
ohne euch

kann ich nicht leben
kommt
und vergeßt mich

Ich bin wehrlos
wie meine Heimat

ausgesetzt
den verschwiegenen Worten
der Welterschaffung

Es war unmöglich, die Entstehungsdaten der einzelnen Gedichte festzustellen. Von wenigen Ausnahmen abgesehen, hat Rose Ausländer ihre Texte nicht datiert. Andere Hinweise reichen nur zu ungenauen Abgrenzungen, wenn man von so allgemeinen Erkenntnissen, wie »nach 1946 entstanden keine Gedichte in gebundener Form« oder »alle englischsprachigen Gedichte wurden zwischen 1949 und 1956 geschrieben«, absieht.
Ich habe deshalb das Gesamtwerk nach der Chronologie der Veröffentlichungen geordnet.
Lediglich in den ersten Band (Gedichte 1927–1956) und in den zweiten Band (Gedichte 1957–1965) wurden unveröffentliche Texte aufgenommen.
Für den ersten Band war die Datierung nach der Form der Gedichte, nach den Quellen und Manuskripten problemlos, für den zweiten Band verdanken wir die gesicherten Daten einer Gewohnheit, die Rose Ausländer in den USA angenommen hatte. Sobald sie ein Gedicht als »fertig« ansah, schrieb sie es auf der Schreibmaschine ab und setzte ihre jeweilige Adresse hinzu. Da ich anhand von Briefen ermitteln konnte, wann Rose Ausländer wo in New York gewohnt hatte, wurde über diesen »Umweg« eine recht genaue Datierung möglich.
In den Originalband ›Mein Atem heißt jetzt‹ wurden die Gedichte, die 1979 und im ersten Halbjahr 1980 entstan-

den oder ihre endgültige Fassung erhielten, aufgenommen mit Ausnahme des Titelgedichts, das schon 1977 in der letzten Fassung von Rose Ausländer geschrieben wurde.
In dem Band ›Mein Venedig versinkt nicht‹ finden sich die Gedichte aus dem zweiten Halbjahr 1980 und dem Jahr 1981.
Die nach 1979 in der Pfaffenweiler Presse erschienenen Bände, ›Einen Drachen reiten‹, ›Südlich wartet ein wärmeres Land‹ und ›So sicher atmet nur Tod‹, enthalten Gedichte, die alle vor 1979 geschrieben, aber vor der jeweiligen Veröffentlichung von Rose Ausländer noch einmal überarbeitet wurden.
Die Taschenbuch-Originalausgabe ›Ich zähl die Sterne meiner Worte‹ enthält Gedichte aus dem Jahre 1983.
Nach diesen Publikationen gab es Mitte 1986 noch einen Bestand von rund 300 unveröffentlichten Gedichten, die zwischen 1965 und 1978 entstanden sind, etwa ebenso viele aus den Jahren vor 1946 und etwa 1500 Entwürfe, in verschiedenen Arbeitsstadien, deren Veröffentlichungsreife zur Zeit noch nicht geklärt ist; bei denen insbesondere bisher nicht feststeht, ob sie nicht Vorstufen zu bereits in endgültiger Form veröffentlichten Texten darstellen.
Im Jahre 1985 (und bis Juni 1986) schrieb Rose Ausländer 120 Gedichte, die im März 1987 unter dem Titel ›Ich spiele noch‹ im S. Fischer Verlag veröffentlicht wurden.

Aus dem Bestand der 300 unveröffentlichten Texte, die zwischen 1965 und 1978 entstanden waren, wählte Rose Ausländer die Gedichte des vorliegenden Bandes gemeinsam mit mir aus. Ihrer Arbeitsgewohnheit entsprechend, veränderte sie alle Texte noch einmal, manchmal blieben nur Bruchstücke der vorherigen Fassung übrig. Sie benötigte dafür viele Stunden intensiver Arbeit, nach einem Monat war sie zufrieden: 120 Gedichte, die ihre uneingeschränkte Zustimmung fanden, lagen vor. Vermutlich wird dies die letzte Publikation noch unveröffentlichter Gedichte der Schriftstellerin Rose Ausländer sein. Die verbliebenen unveröffentlichten Gedichte sind, so sagt sie, »nicht wert, veröffentlicht zu werden«. Sie will auch nicht, daß noch weitere Gedichte, die vor 1946 entstanden sind, gedruckt werden: »Es ist genug.«

Königswinter, April 1987
Helmut Braun

Alphabetisches Verzeichnis der Gedichtüberschriften

Bitte umblättern:

Rose Ausländer

Gesammelte Werke in sieben Bänden

Herausgegeben von Helmut Braun

Das Gesamtwerk wird mit einem Registerband abgeschlossen.

Die Erde war ein atlasweißes Feld
Gedichte 1927–1955
371 Seiten, Leinen

Die Sichel mäht die Zeit zu Heu
Gedichte 1956–1965
360 Seiten, Leinen

Hügel aus Äther / unwiderruflich
Gedichte und Prosa 1966–1975
309 Seiten, Leinen

Im Aschenregen / die Spur deines Namens
Gedichte und Prosa 1976
246 Seiten, Leinen

Ich höre das Herz / des Oleanders
Gedichte 1977–1979
335 Seiten, Leinen

Wieder ein Tag aus Glut und Asche
Gedichte 1980–1982
408 Seiten, Leinen

Und preise die kühlende / Liebe der Luft
Gedichte seit 1983
ca. 200 Seiten, Leinen

S. Fischer

fi 409/3

Rose Ausländer

Mein Atem heißt jetzt
Gedichte. 144 Seiten

Mein Venedig versinkt nicht
Gedichte. 1982. 136 Seiten

Ein Stück weiter
160 Seiten

Ich spiele noch
Neue Gedichte. 136 Seiten

Blinder Sommer
Gedichte
Fischer Taschenbuch Band 5199

Ich zähl die Sterne / meiner Worte
Gedichte 1983
Fischer Taschenbuch Band 5906

Im Atemhaus wohnen
Gedichte
Fischer Taschenbuch Band 2189

Mutterland / Einverständnis
Gedichte
Fischer Taschenbuch Band 5775

Der Traum hat offene Augen
Unveröffentlichte Gedichte 1965–1978
Fischer Taschenbuch Band 9172

S. Fischer · Fischer Taschenbuch Verlag

fi 167 / 5

Reiner Kunze

auf eigene hoffnung
gedichte
112 Seiten. Leinen und Fischer Taschenbuch Band 5230

eines jeden einziges leben
gedichte
126 Seiten. Leinen

gespräch mit der amsel
frühe gedichte
sensible wege.
zimmerlautstärke
216 Seiten. Leinen

Die wunderbaren Jahre
Prosa
131 Seiten. Leinen und Fischer Taschenbuch Band 2074

Der Film Die wunderbaren Jahre
Lesefassung des Drehbuches
Mit Original-Farb-Fotos aus dem Film
Fischer Taschenbuch Band 7033

Zimmerlautstärke
Gedichte
Fischer Taschenbuch Band 1934

Der Löwe Leopold
Fast ein Märchen, fast Geschichten
Mit Illustrationen von Karel Franta
96 Seiten mit 20 farbigen Illustrationen. Pappband und Fischer Taschenbuch Band 1534

Band 5230

Reiner Kunze Materialien und Dokumente
Herausgegeben von Jürgen P. Wallmann
239 Seiten

Jan Skácel wundklee
gedichte
Ins deutsche übertragen und mit einem nachwort versehen von Reiner Kunze
128 Seiten. Pappband

S. Fischer · Fischer Taschenbuch Verlag

fi 150/5

Guntram Vesper

»Was da, zuweilen auf zwei oder drei Seiten, in äußerster Knappheit an Zeit- und Zustandsschilderung gelingt, weist Vesper als einen der begabtesten Prosa-Autoren der jüngeren Generation aus.«
DIE ZEIT

Nördlich der Liebe und südlich des Hasses
Roman. Band 2112

Kriegerdenkmal ganz hinten
Prosa. Band 5893

Die Illusion des Unglücks
Gedichte. Band 5128

Die Inseln im Landmeer
und neue Gedichte
Mit Zeichnungen vom Autor
Band 5821

Frohburg
Neue Gedichte
Mit Zeichnungen des Autors
und einem Anhang
Band 5905

Fischer Taschenbuch Verlag

fi 470/2

*»Wer mein Schweigen nicht annimmt,
dem habe ich nichts zu sagen.«*

Wolfgang Bächler

Ausbrechen
Gedichte aus 20 Jahren
Fischer Taschenbuch Band 5127

Nachtleben
Gedichte
88 Seiten, Pp.
Fischer Taschenbuch Band 5872

Stadtbesetzung
Prosa
204 Seiten, Geb.
Fischer Taschenbuch Band 5069

Traumprotokolle
Ein Auskunftsbuch
Fischer Taschenbuch Band 2041

S. Fischer

fi 427/1